杨式太极拳术述真之一

太极拳内功理法

魏树人／著 王洁／助编 蓝清雨／整理

人民体育出版社

出版说明

随着太极拳运动的普遍开展，人们渴望进一步了解和探求源远流长的传统太极拳技艺精华及其所独具的文化底蕴与艺术魅力，为此，我们特约作者撰写了《杨式太极拳术述真》一书。

鉴于原书厚重，应广大读者要求，我们将原书分为五个单册，书名依次为：

杨式太极拳术述真之一

太极拳内功理法

杨式太极拳术述真之二

太极拳行拳心法

杨式太极拳术述真之三

太极拳拆架拆手

杨式太极拳术述真之四

太极拳内功修炼法

杨式太极拳术述真之五

太极拳内功劲法

以异型 32 开本的形式出版，以方便广大太极拳爱好者随身携带和阅读。

前　言

自先师汪永泉讲授的《杨式太极拳述真》一书面世后，余陆续收到海内外读者的大量信函。各省市太极拳爱好者不断登门见访，海外人士也陆续来京质疑问难。中外朋友都希望进一步学习和探索这一门太极拳技艺，纷纷建议我编写一本由初学阶段转入中级阶段之后练习太极拳的内容、方法及纲要的书籍。为了满足大家的要求，余不揆庸昧，在先师所传技艺的基础上，融合自己数十年学习、探索太极拳艺之所得，本着知无不言、言必由衷的精神，将这一门技艺的精华原原本本地告知所有太极拳的爱好者。

本套丛书由太极拳内功理法、行拳心法、拆架拆手、内功修炼法和内功劲法组成。这些内容是太极拳功夫在中级阶段由低到高、分层递进之阶梯。书中记述有前人杨公健侯、杨公少侯和先师汪永泉口耳相传的行拳要诀，以及精辟独到的譬喻。这些警句，脉络清晰、洞明事理、言简意赅而切中要害。这些融太极大道至理于拳之精微的明言直语尽抒拳艺精髓，是从中华民族文化的深厚凝聚中升华出来的宝贵文化遗产，堪为吾等行拳之楷模。

余自列汪师门墙后，十余年来对拳艺极虑求精，搜寻探索刻意上进，但仅有些粗浅体会。在众同学和广大爱好者的恳请下，于古稀之年不顾老眼昏花，勉力提笔，搜索枯肠，力求去伪存真，汰繁去滥，树习拳之楷模，规导正途，以不负承传师门拳艺使命之重任。书中不敢存丝毫偏私隐晦，惟恐愧对先师，被视为欺世盗名。撰写本书，旨在明心，愿与各界酷爱此道者共同探求太极拳艺之真谛。余学浅才疏，难免挂一漏万，讹误纰缪之处，诚请方家鉴审，不吝赐教是幸。

作者

拳苑记事

近半个世纪以来，中国及世界各国人士对太极拳有了一定程度的认识和了解，尤其杨式太极拳所独具的健身、养生价值更令世人瞩目。

但却很少有人知道，在杨式太极拳近百年来的传承延续中，其真谛因前辈拳师缄秘不传而险致湮没。

值得庆幸的是，当年承杨健侯祖师秘传的京都一脉，比较完整地保留了杨家原始拳架的练法和揉手技艺。为此汪公崇禄及先师汪永泉倾注了毕生心血和精力，启幽发微功不可没。

提起此一脉技艺的由来，还要追溯到清朝末年时期。那时，杨公健侯奉召出入贝勒、贝子府邸，教授宗室子弟学练太极拳。当时清朝宗室贵胄养尊处优，注重养生遂成时尚。诸多权贵学练太极拳多出于赶时髦的心态，将其视为消遣解闷的娱乐方式，并不真下功夫。

惟宣宗皇帝之长孙溥伦贝子对杨公健侯在教拳过程中偶尔流露出的太极拳技击功夫产生了浓厚的兴趣，时常将健侯公延请入府讨教拳艺，薪俸优沃，恩宠有加。感于溥伦贝子的知遇之恩与格外厚待，健侯公遂将杨家素不外传之技艺相授。

当时溥伦贝子府中有一位嗜好武术的管家，名汪崇禄。每当健侯公入府教溥伦贝子练拳时，都由他接待侍奉。本有武功在身的崇禄公听到健侯公如数家珍般地讲解拳中精要，深感斯技非同凡响，蕴藏着上下古今、天地万物之至理，又见其所授拳架练法与外界所见所传迥然不同，实是自己梦寐以求的武艺极品，因而对健侯公分外尊崇，时时留意，处处尽心，事无巨细皆照应得无微不至。

久之，健侯公为崇禄公一片诚心所感，时常抽暇教他一两个拳式。数年之后，崇禄公的太极功夫日深，加之其为人敦厚善良、诚实守信，深得健侯公赏识，遂欣然收其为入室弟子。

崇禄之子永泉幼而嗜武，七岁开始学布库(满语摔跤术)，练得筋骨结实、身手矫健。八岁随父到杨家行走。健侯公深爱其资质聪慧，允其亦练杨家功夫。并命永泉尊其第三子澄甫为师。从此汪氏父子相伴时常到坐落在京都西城沟沿头的杨宅向健侯公学艺。永泉也经常受父亲的支派到杨家帮着料理些零活杂事，不时听到健侯、少侯父子们谈论拳技。有时讲到兴头上，少侯便招手唤他上前搭手听劲，以证其所言不虚，由于永泉有“布库”功底，会挨摔而不怕摔，每次被少侯师伯发出的凌厉劲势一连打上几个跟头，总是急急忙忙地站起身来凑到师伯跟前，盼望与等待着其再度出手，因而博得少侯师伯十分欢喜。

当时，人称“大先生”的少侯公出手不留情，发劲凶狠是出了名的。凡被其凌空抛出者尝到个中滋味后，都胆战心惊不敢再靠前。而永泉则经常设法与少侯师伯试手，在被发挨摔中体验师伯的劲路、威力与时机、奥妙。但是只能听劲，从来不敢问师伯是用什么劲发的。一连十数年耳濡目染，身领心悟。加之前期有健侯公指点，后期有严父教诲，故永泉公深得杨家内功劲法之真传，尤其在揉手方面很有造诣。在后来的几十年里，他始终坚持早年和父亲一道从健侯公所学的老六路拳架的原始练法，所习、所传拳架与杨师澄甫南下上海等地所教的套路动作及练法不一。

汪永泉宗师七十岁时，应聘到中国社会科学院授拳。为了挖掘、继承杨式太极拳的真谛，社会科学院哲学研究所所长齐一、文学所所长王平凡商定邀约树人学习拳艺并记录、整理宗师所授的拳论、拳架之教程，以帮助宗师出书，将这一濒临失传的瑰宝向社会推广。并再三叮嘱树人要亲身将拳艺继承下来以传后世。

那时，余习练太极拳术已有二十余年，聆听宗师入情入理地讲解拳中精要，亲身体验妙趣无穷的揉手内功劲法，顿时醒悟，这才是正宗正派的太极拳艺！额手称庆有幸能与汪宗师结师生之缘，从此便专心致志地学习探讨杨式太极拳的真传技艺。现在杨式太极拳术已经风靡世界，造福人寰，这也是当初杨式太极拳创立人始料所未及者也。

目录

第一章 内功理法释要

练习太极拳必须要内外兼修、融阴阳为一体。欲求太极内功,必须先掌握符合太极拳原理的练习方法。内功理法是培养神意气的必由之路，所以传统太极拳的行拳走架既讲究身形手势，更注重内功理法。二者绝然不可分割。

有很多学练太极拳者因循一种

不正确的习拳方式，即先学套路，待套路熟练之后再探研理法，孰不知恰是在如此反复习练毫无理法的空拳架过程中，身形手势已经认同了僵滞有力的错误运动方式，待到想要探究理法时，这种含有僵滞之劲的运动方式已然积习成弊，铸成了很难排除的障碍，以至于日后虽长期盘拳，内劲却总也不能运化，更无法企及豁然贯通的境界。先师传留下来的正确教拳方式是从一开始就讲明拳架理法，注重以理法引导身形手势的正确运行。拳架之理法对各个部位都有明确的指导意义，遵照先辈传留下来的宝贵经验循序而进，才能尽快地步入正轨以求深造。杨式太极拳注重内外兼修，要求每招每式中都要有术，术又必须由招式通出。招与术互相依存而相辅相成。不可以先练招后学术，亦不可先学术而后练招。初学时外形招式通过模仿会先掌握，而内功理法由于看不见、摸不着而不易得其要领。因为在初学阶段神意气不听人的意识调遣，招与术的融通不可能一蹴而就。所以学者首先要注重在理法上悉心研究。

拳架中每招每式的演练都要做到拳论所说的“意在先”，自始至终都是以意念引导形体的运行，绝无片刻只在走“空架子”。譬如当“起势”尚未抬手之际，由静极而生动的起势意念早已开始在周身酝酿，使各部位的内功理法依序到位。

当拳架练习进入中级阶段后，理法颇为繁多，每种招式都有一种固定的理法，此式与彼式间的理法又能相互变换和衍生。当进入较高层次后，理法的互蕴互变是自然产生的，无须大脑思考。先师曾讲，在演练拳架时，招与术相互配合到能随心所欲时，会自然演变出现一种奥妙。全体透空、无我无为之境界是从培养手与腕的柔软开始的，一举一动要完全依赖拳架理法的引导，而后方能逐步进入松散通空的阶段。

故特别提醒有志于学拳者对拳架理法须认真探索和理解。以下择要介绍拳架理法，并通过正反两面的文图对照形式，加深读者的印象，以免习拳者误入歧途。

第一节 悬顶

关于“悬顶”，拳谱中有“虚领顶劲”“顶头悬”“百会上顶”等讲法。

先师教拳从来不提上述讲法，只

讲解秘传的要领“后脖颈蹭衣领”。蹭是颈项松直，微微旋动着向后轻贴衣领。在颈蹭衣领的过程中，颈椎渐渐趋于正直，身体姿势亦会自然中正，在达到立身中正的一瞬，周身会忽然间“一定”，头部适得其中，自然神清气爽，轻松舒适得恍如乌有一般。头部轻松的感觉能令心中舒畅，而内心的舒适感又会自然流露到颜面上，现出微微启唇的笑意，如此周身内外都处在恬静、平和的意境中。经常注意使后脖颈蹭衣领，可以保持任督两脉经气的畅通，气通则血行，从而消除大脑供血不足、颈项长年酸痛、玉枕不通等痼疾(图 1)。

如果不能正确理解颈部松直与头正之间的关联，意识不到头部不正对于拳势以及身体的危害之甚，就会

图 1　正确
颈后贴衣领

听任头部在不留意间俯仰成弊。

图 2　错误

故意收下颚

如下颏过于回收，会令头部低垂，颈前受压，呼吸受阻，血液循环不畅，导致精神萎靡不振(图 2)。

图 3　错误

故意扬头

头部上扬则会令颈后受压，内气只能回旋于夹脊与尾闾之间，而不能贯通玉枕。三关不通则颈项酸痛不适，头部发憋、发胀，甚至导致眩晕等疾患（图 3）。

惟有做到了颈部松直才能使头部中正安舒，这在理法中是非常重要的一环。

第二节　眼神

正确掌握了颈项松直的理法，头部便会空空如也，眼神自然能做到视而不见，并牵连两耳也听而不闻。头部轻松的感觉会使内在之精神舒畅地流露到颜面上，现出微微笑意。

不要把眼神的视而不见误解为眼光凝滞，似一潭静水般没有流动和变化。眼神之出入自然与心意相通而使神气产生开合变化。运用眼神融入拳架动作之中时惟要留意，眼神之出时必定伴之以入，眼神之入时必定随之以出，如此出入相间、循环有致，才能真正做到眼神的运用是阳中有阴，阴中有阳，阴阳相合（图4）。

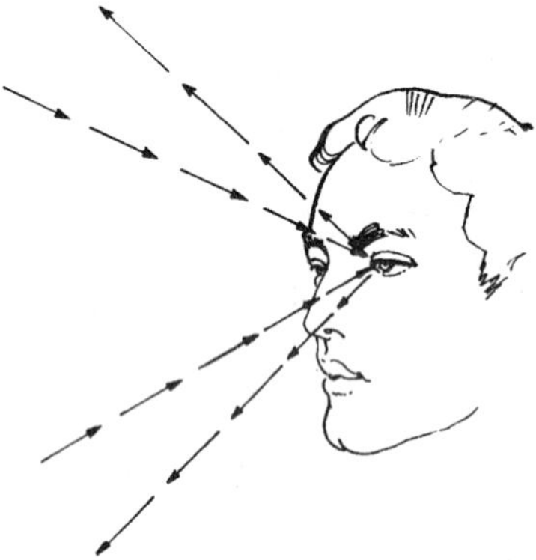

图 4　眼神自然开合

当眼神内敛和内视时，并不牵连着眼睑下垂而闭目或眯起眼睛不往前看；当眼神凝视一点时，也并非用力努目。如果不能正确地利用眼神，则会导致双眼努得酸痛，非但于养生无益反而有害。

第三节　虚腋

人们练拳时通常只注意沉肩，却往往忽略虚腋。误以为肩向下沉坠就是肩部的正确动作。其实有意使肩下沉会导致肩头在向下抻拉之力的作用下颇感沉重与疲累。

关于虚腋，先师所传秘法是“腋下夹着两个热馒头练拳”。对此，先师曾举日常生活中的例子细心地点拨道：当你从刚蒸好的热气腾腾的笼屉里往外抓馒头时，那一瞬间的手形与态势就是对虚腋要领的生动诠释。这时手上拿捏的劲道分寸感极强，因为再紧一分就烫手，再松一分馒头又拿不起来，同时也迫使你的手形非要保持若即若离、恰到好处地虚拢状态。“腋下如夹着两个热馒头”，既浅显又形象地说明了虚腋在松开的同时又

图 5　正确
虚两腋

相合的那种寓对立于统一之中的奇妙腾虚劲势。盘拳时始终想着两腋下夹着热馒头，则两肩、两臂的内气自会腾然畅行。久习之后便能习惯成自然，虚腋的形成便不必再人为地操作（图 5）。

图 6　错误

腋不虚臂贴身

错误地使两腋虚离开，会导致两肘翘张和两肩僵紧，内气因此受阻。两腋不虚，两臂就会紧贴躯干；肩松不开，内气便受憋难通（图 6）。

第四节　肘坠腰圈

真正理解了悬顶与虚腋的作用和意义之后，就能正确地处理和体现两肘与腰圈间的关系。对此，先师所传的要领是“肘意坠向腰圈”。所有的太极拳动作都是肘离腰圈最近，肘意坠向腰圈之后才能做到内外相合、以肘带腰或以腰带肘演练拳架，从而自然形成躯干与上肢动作的协调一致与默契配合。

腰圈是肘的后援，肘的运行始终离不开腰圈的支持和援助，否则，手臂的动作与周身不合，上肢动作势必流于空泛，导致整体姿势的虚浮之弊（图 7）。

肘意与腰圈相互配合，肘自会适度张展，不会内夹躯干和形成 90°死角的现象。

图 7　肘坠腰圈

第五节　鼓腕

理解了两肩、两肘的理法后，接着就要探求腕部的理法。腕部的秘传要领是“鼓腕”。但鼓腕不是单从形体上做到将手腕背部隆起。先师曾讲，鼓腕先要使腕部松开，松腕不可在骨肉之形上做左右俯仰的调整，否则左松则右紧，前舒而后张，总也不得要领。应意想腕与手之间犹如脱离开一样，使手松软、旋转灵活，不受腕的牵扯和控制，从而呈现犹如无手般的空灵之感。正如先师所讲“没有手，腕是秃肢”，真正体会到没有手的感受之后，方能实现练拳时梢节柔软，继而才能进入“鼓腕”。从形体上看腕部有微鼓之势，但绝不能以形代意，应意识到形的微鼓是受内气的催促所致。不可片面地模仿鼓腕之形，而忽略了鼓腕之意。当腕部松开时，腕与手之间如隔着一道鸿沟，内气之通出如腾越鸿沟而贯通两岸，此为鼓腕的真实用意所在（图 8）。先师讲，真能进入腕部松开阶段，手腕会有较长一段时期感到不吃力，甚至连提一暖瓶水亦觉艰难。待内气贯足之后，腕内

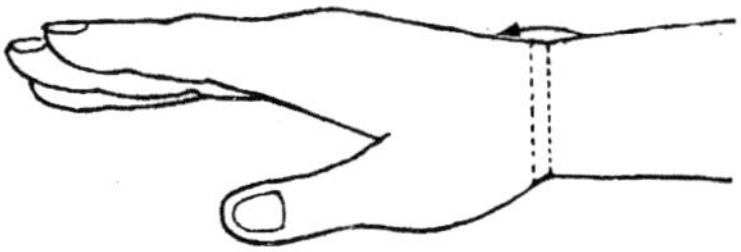

图 8　正确鼓腕

劲不仅能恢复，还会比以前有所增强。

第六节　劲源

劲源是内劲的发端地。劲源在人体有两处。一处位于背后两肩胛骨下角连线正中。另一处须待内功进入较高层次时出现在手掌心偏上的中指根处，先师传此谓之“劲源上手”。练拳时，背部之劲源是全身内劲的集散之处，每一拳势所需的内劲都要由劲源发出，经两臂的上线或下线通向两手。劲源的运用很有节制，当拳势需要时就催发出相应的内劲通向落点，内劲到达预定的落点后劲源便马上变空，故前人讲劲源的奥妙是“一通即空”。

各种内劲相互之间的转换与变换也要由劲源变劲而达成，例如，当四正内劲改变为四隅内劲时，只要背后劲源内意想的十字微一旋转，形体

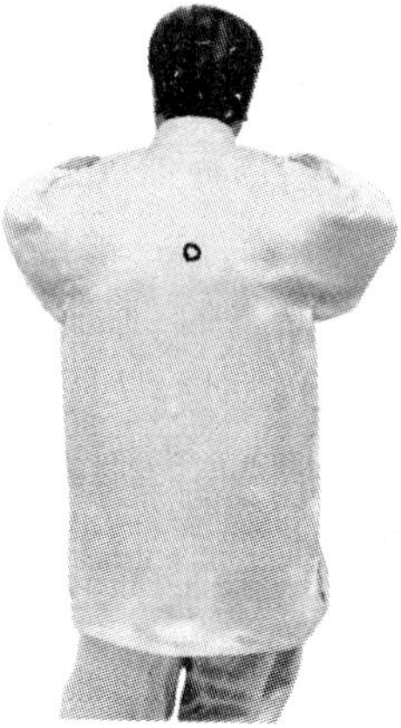

图 9　劲源

无须任何变动其正隅就能互变，此谓之“正隅相化”（图 9）。功深后劲源上手，手上劲源之功用与背部劲源相同（图 10）。

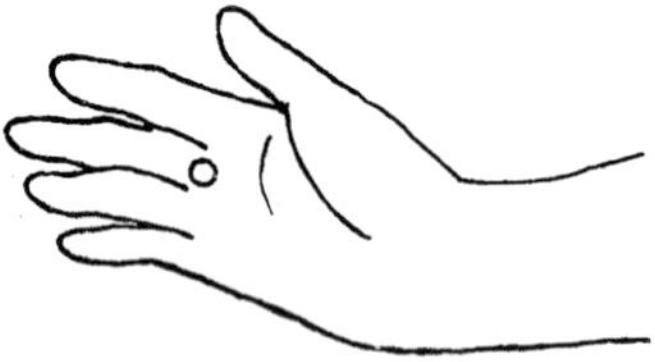

图 10　手上劲源

要点：手上劲源与背部劲源不可同时应用。待功深后运用手上劲源时，其速度、威力远比背部劲源来得快，即所谓“接手点中求”。

第七节　开胸、张肘、塞腰、鼓腕与三道气圈

开胸是为了使胸部气道畅通，内气运行无阻。对此，先师所传的秘诀

图 11　正确

开胸、张肘

是"胸不开,气不通"。

张肘是为了使肩部松开,通过张肘、松肩而使内气在胸腔周围弥散开来,以消除上半身紧张与僵滞的通弊。对此师传秘诀为"肘不张,肩不松"(图 11)。

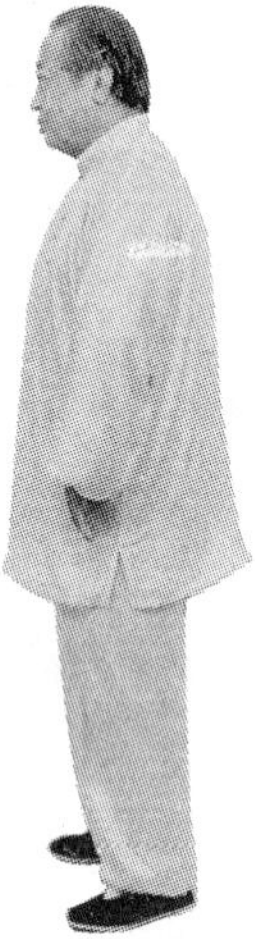

图 12　正确

塞腰、鼓腕

塞腰、鼓腕是当内气下行至腹部后，内气向腰胯四周弥散催发而引起的腰部向后依偎、位于胯两侧的两腕向外圆展的态势（图 12、13），以上完全是以意领内气运行引致的身形变化，绝非单纯的形体动作。如果单从形体上去表现开胸、张肘，势必会导

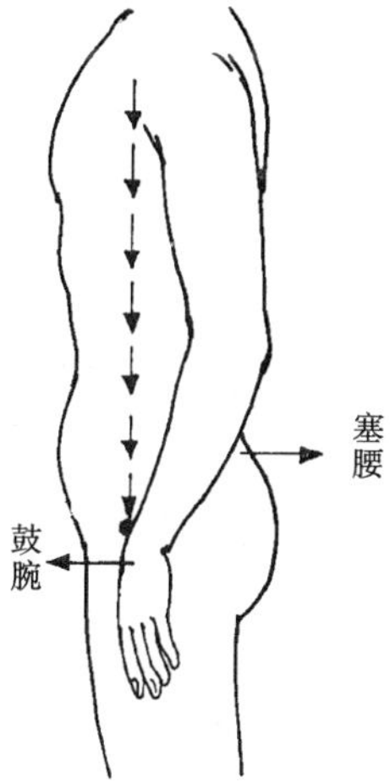

图 13

致紧张不适的翘肘、耸肩之弊（图14）。

图 14　错误

开胸、张肘之形

开胸、张肘、塞腰、鼓腕的意气运行过程是：意想胸部犹如两扇门，门中间下端夹着一块小石子。当用意将门向身后两侧推开之际，会有一种心胸豁然开朗之感。与此同时，小石子直坠腹中，丹田内犹如静水投石，激起道道水圈向四外漫延鼓荡。当内气

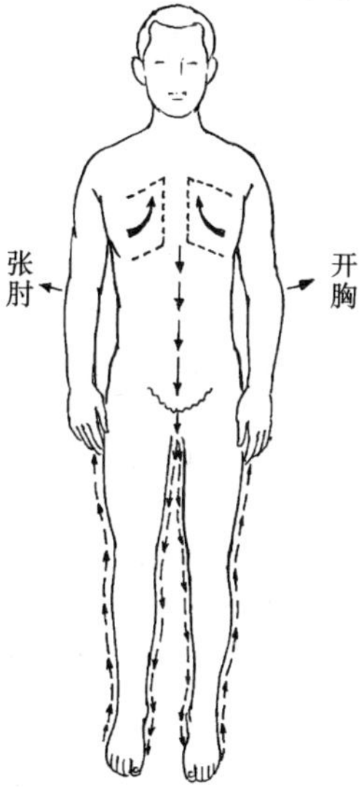

图 15

荡至身后时，腰向后塞的动作便随之而生，继而当内气荡向两旁时，又会促使两腕外掤鼓起；而后内气继续下行至裆间分向两腿内侧前三分之一处向下涌流，经膝内侧、小腿内侧、踝内侧至涌泉，复由踝外侧、膝外侧向胯两侧上行涌流（图 15）。转经臀后

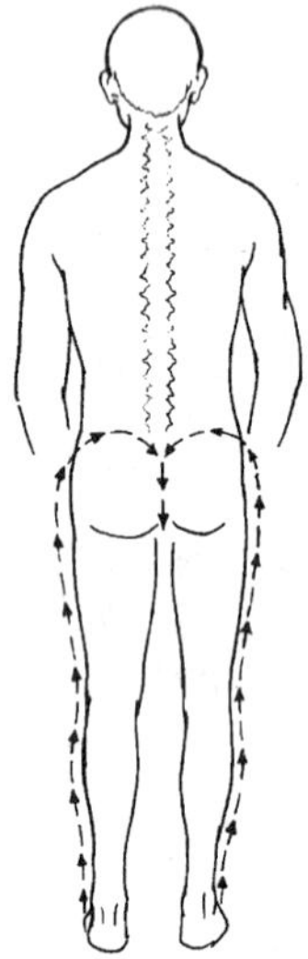

图 16

向命门流注，再下行至尾间（图 16），继而翻转沿尾椎前侧向上运行至胯间，遂以意气的上行线为中心，以意引领内气向胯四周圆散出直径约 1 米的胯气圈；同时胯气圈中心的内气仍继续上行至腰间，圆散出直径约 80 厘米的腰气圈；腰气圈中心的内

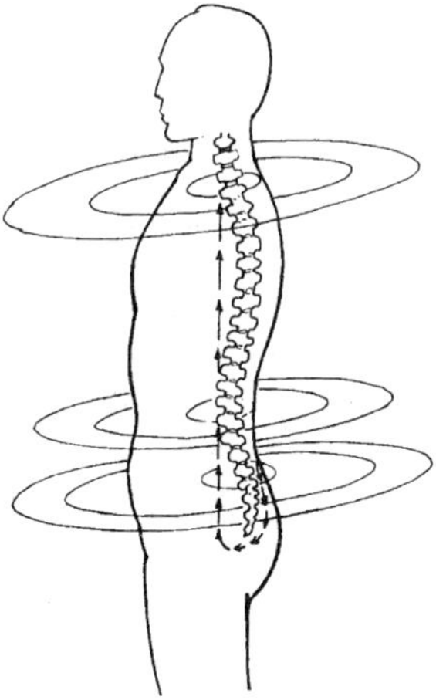

图 17

气继续上行至胸上方，再向四周圆散出直径约 1 米的肩气圈（图 17、18）。

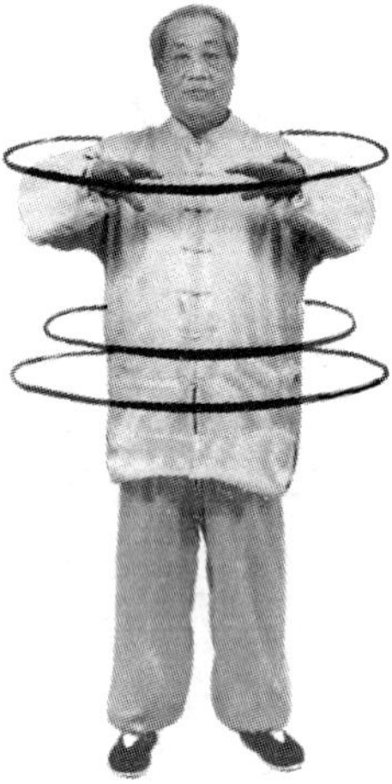

图 18

自意想开胸起到散出肩气圈止，内气运行得流利酣畅时约需两分钟。待内功进入较高层次后，内气的运行速度便需快则快、要慢则慢，惟以“气遍全身不稍滞”为要。

初习时，内气运行至转折处，心中必须要有“一静”，此时心不静则以下动作的内气运行走向不明。“一静”之际，内气的运行并非戛然而止，而是渐趋混沌、迷茫。继而从一片寂静中萌生出对气机动向的感知后，内气才随之变换运行方向。内气应毫无滞机地流走在开胸、张肘、塞腰、鼓腕、沿腿下行复上行并散发出三道气圈的全过程中。

第八节　身如钟

身如钟的喻义在练拳中期体现得尤为真切。在这一阶段，一举手，一投足，周身上下恰似寺院中悬吊的大钟，浑厚、沉稳而又浑然一体。至行拳后期，随着功夫境界的不断提高，周身的虚实动静渐趋空灵，此时行功的意境恰似庙宇内殿檐下悬挂的风铃那样轻巧伶俐、动荡随风。风铃的外部形状与钟相仿，只是体积要小许多，风铃内下盘悬垂一多棱形的锤，风吹锤摇碰撞铃壁发出声响。

盘拳时意想身体如同一口大钟，钟顶即是肩部，钟顶以下五分之四处为腰部，钟口即是胯部。肩、腰、胯的动转要像被套在大钟上一样一动全动、一停全停。身内即是钟内，躯干不能任意扭斜摇晃。钟顶系着一条绳，钟锤悬垂于这条绳的下端。钟锤可在钟口内前后左右直摆或弧形旋摆。初学时，钟锤只能在两大腿间直摆，待运用熟练后才能提至胯圈，功夫达到较高层次时，钟锤能上提至胸口处，还能在胸、胯之间任意地提落和旋转。

由钟锤的摆动而催发出的内劲具有一往无前的威力且不囿于身形的局限。

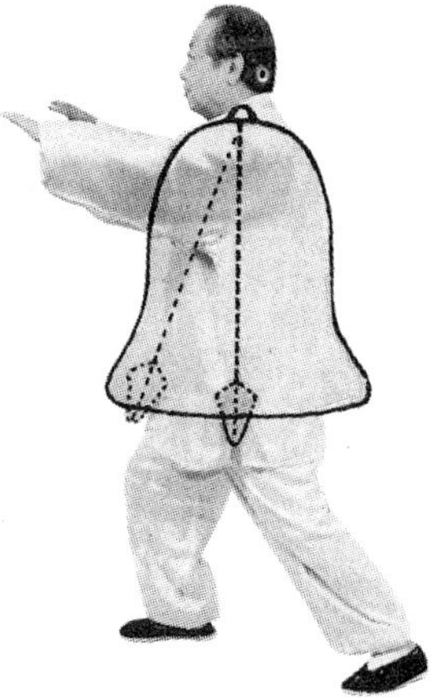

图 19

以钟喻人，钟身即是人之外形；钟锤即是运用内劲的准绳。身形的前后运动，是钟锤的前后摆动所致；身形的旋转，则是钟锤旋摆所致。如此才能做到意先动，继而形动，利用钟锤的动荡使两下肢自然相连相系，下盘动作便既轻灵而又稳固(图 19)。

第九节　身中垂直线与二四点

身中垂直线是一条意识线，自颈下直垂到两脚之间，太极拳的立身正中、不偏不倚，全赖这条身中垂直线来衡量和实现。太极拳的所有动作都要依靠身中垂直线的移动来确定身体重心的落点并达成上身与两腿动作的上下相随、平送腰胯和协调配合。身中垂直线在养生方面则能起到预防老年人的腰弯背驼、调治胸背不适等作用(图 20)。

步法的进退转换如能依靠身中垂直线的移动来完成，两腿就没有荷重感。

两脚之间共分成五个点，即一至五点。一点和五点分别位于前后脚的踝下与足跟之间；二点临近前足之踝内侧，四点临近后足之踝内侧，三点

图 20

则在两脚正中央。盘拳时，身中垂直线自始至终都在二至四点间运行，无论做什么动作，它都不应落到一、五点上。

二四点是身中垂直线下端的着落处。当身中垂直线由二点经过三点到达四点时，两腿便自然而然地形成

图 21

虚步(图 21);反之,身中垂直线由四点经三点到二点时,两腿就自然转为弓步(图 22)。

图 22

运用身中垂直线在二点至四点间运行时，由于运行路线短，不但弓虚步的变换能够迅速、灵活，还能顺遂地实现“平送腰胯尾闾垂”的行拳要领。

图 23

假若成弓步时身中垂直线落在一点上，必然使前腿的膝盖超过脚尖，导致身形过度前倾而使前腿负荷沉重（图 23）。

成虚步时，若身中垂直线落在五点上，必然使体重坐实在后腿与后足跟上，从而导致后腿负荷沉重而紧张

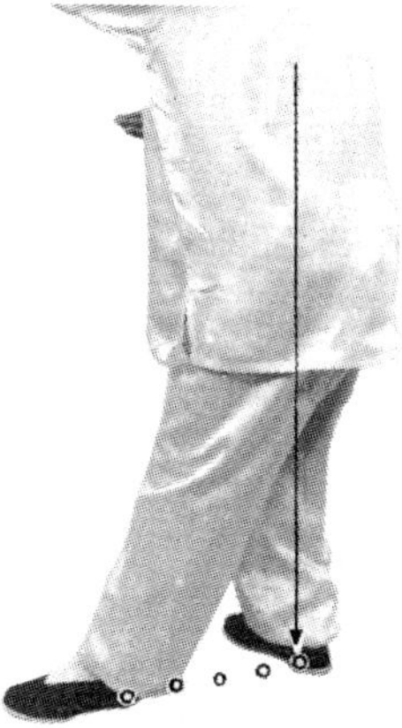

图 24

僵滞、变换不灵(图 24)。

在盘拳时，运用二四点不等于步子小，只会使下盘有活泼轻灵、毫不吃力的感受；相反，若身中垂直线落在一五点上，并不意味着步子放大，只能造成下盘僵滞、运转不灵；导致变换过程无谓地延长，不能做到步随身换。

因身中垂直线与二四点的运用对于拳势能否正确运行具有举足轻重的作用，故特在拳架图照下方附加身中垂直线的落点与两脚站位的关系图，有心者若细心揣摩，当知其并非虚设。

第十节　身中垂直线与钟锤

身中垂直线与钟锤虽然在身内所处的位置相同，但所起的作用并不一致。身中垂直线与二四点相配合而使两腿有虚实之分。身中垂直线不能上提下落，只能向前后、左右直摆。当人体直立时，通过身中垂直线的运用，身形可以达到"上下一条线"的立身中正、不偏不倚；行拳运功时则能做到"平送腰胯、手脚齐进"。待功深时，身中垂直线会膨胀粗大，摆动更趋灵活。

而钟锤则既可以向前后左右悠荡，又能旋摆，还可以在胸胯之间上提下落。盘拳时，身体短促、灵动的旋摆，悠荡动作都赖于钟锤从中主导。

身中垂直线与钟锤不会同时出现、同时应用。所谓一心不可二用。当运用身中垂直线时，身中垂直线即出现，用过即消失。钟锤亦是如此。

第十一节　胸前十字

习太极拳有“手不离口”之说。此处之口并非指嘴，而是胸口的意思。若不明此义就会忽略行拳要领中的关键一环。

盘拳时若意想胸前悬垂着一个十字（图 25），则无论演练什么拳式，两肩都能平正，且身体不会倾斜，故有“势势存心揆用意，得来全不费功

图 25

夫”和“运用在心”之说。无论手的开出与合回，其意向都要由衷而发。其间，开意、合意皆经胸前十字中心往返贯串，手上之意随之与胸中之意相呼应，此开则彼开，此合彼亦合。此即所谓手从口出、手从口收。而非指手的开合之形而言。譬如当手欲开时，手上的开出之意要与十字中心相呼应，继而以十字中心之意气催促手势的开出方能顺遂。合亦如是，惟方向相反而已。这样才能做到“发于中、形于外、达于四围”，使躯干与上肢在运行中感到舒适、平稳、开合自如。

第十二节　三关的运用

三关指人体背后的尾间关、夹脊关和玉枕关。尾间关位于脊椎骨的最下段，上连骶骨，下端游离，在肛门的后上方。夹脊关位于背部，俯卧时正当两肘尖连线正中处。玉枕关恰在人仰卧时的头部着枕处。

三关的运用方式有竖立三关、领起三关、后撤三关和前长三关四种。

三关的形式与运用皆由意念引导所致，不要把三关所在的局部位置（枕骨、胸椎和尾椎）当成运动的对象来做

图 26　竖立三关

竖立、领起、后撤和前长的动作。这里所讲的任何运行方式都是以意领内气贯穿三关成一线来完成的。

一、竖立三关：意念中犹如一根旗杆由头后经玉枕、夹脊直插在尾闾处，促使身形自然正直、舒适，精神亦随之提起（图 26）。

图 27　领起三关

二、领起三关：意想三关由一线贯串自头后向上领起，周身随之舒展。三关领起后可使动作转换轻灵，周身上下毫无重滞之处(图 27)。

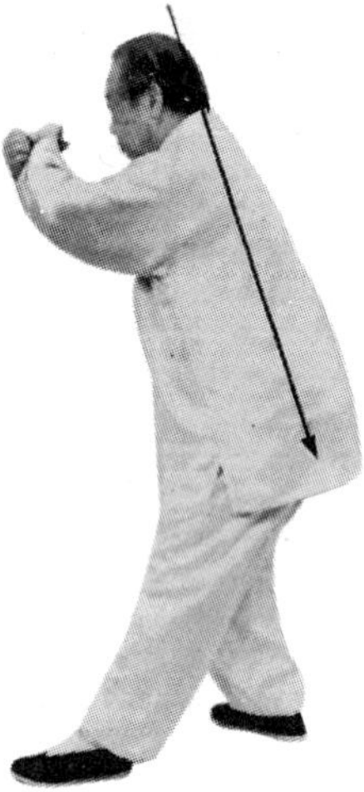

图 28　后撤三关

三、后撤三关：三关之意从尾闾后撤。意想一条贯穿三关的细线从尾闾处向后牵拉而出，由此意带动身形轻松自如地后移。步法依赖三关的前长、后撤所引领而进退，便能举步轻灵、变换自如（图 28）。

图 29　前长三关

四、前长三关：拳势到达终点时必有“一静”，内气自然下沉，而三关之意由头后向前上方领起身形，背部气势呈浑圆升腾之态（图 29）。

第十三节　拳、掌、勾

先师教拳时对怎样握拳、舒掌和成勾的要领讲述甚详，要求也十分严

图 30　立拳(正面)

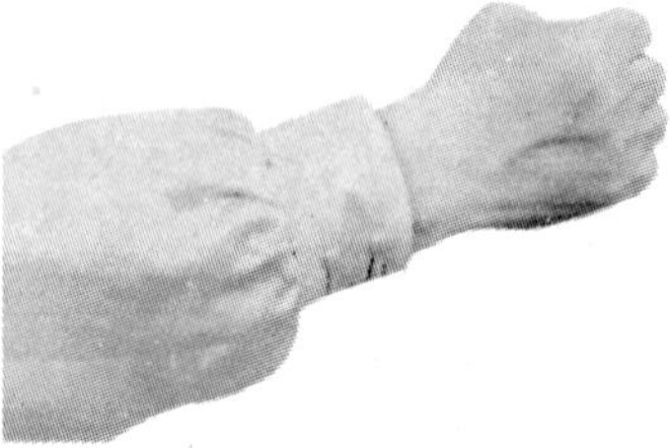

图 31　立拳(背面)

格。拳要求握成平扁方形，拇指贴在食指、中指的第二指节上。先师强调，平时握拳就要养成在手心松握着小气球的习惯，才能使腕部随时随地保持松软圆活(图 30、31)。由于手松握着小气球而使腕部微微鼓起，从拳眼及拳心的角度看，毫无僵滞之力，而

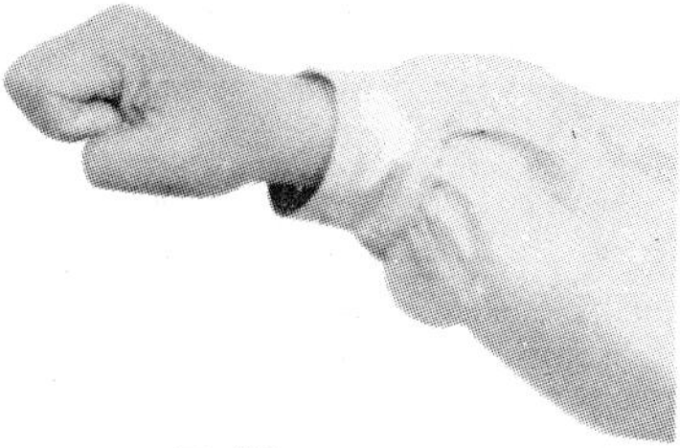

图 32　平拳

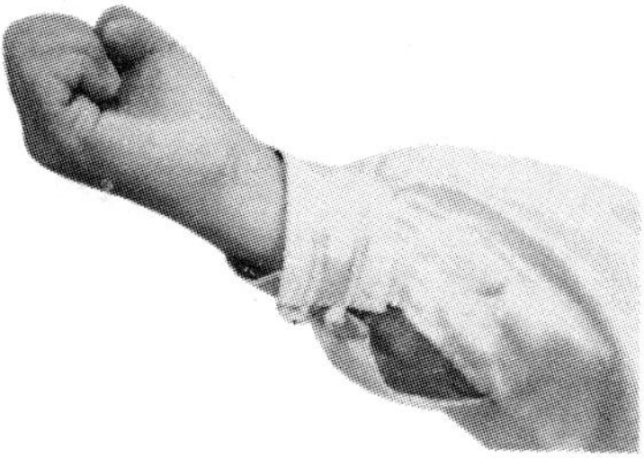

图 33　仰拳

在拳的周围则隐隐透出浑圆饱满的气势(图 32、33)。

如此要求握拳，其目的在于培养“手无相”之功。在手中松握一小气球，是为了使内气在手心周流通畅，而不会导致握拳僵滞。要求内气汇集在中指根外侧，是为内气通出手外做

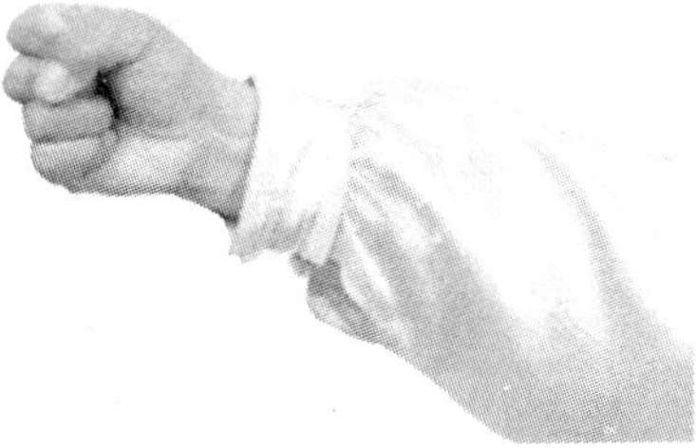

图 34　握拳有力(正面)

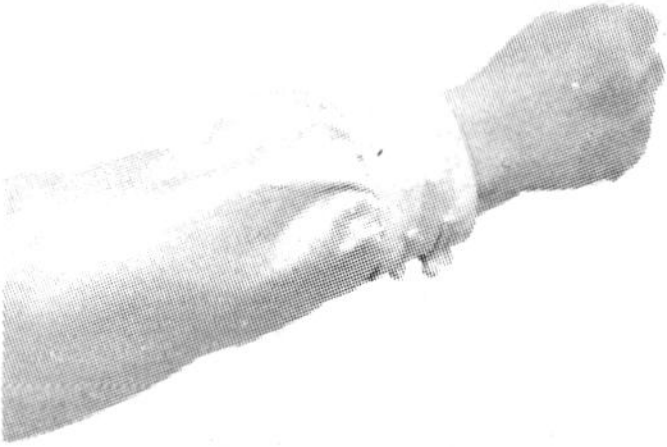

图 35　握拳有力(背面)

铺垫，并使人逐渐淡忘拳形的存在，进而培养和追求“意在先”的行拳意境。

不知握拳的窍要，极易握成“死拳头”，内气不能流通于腕、手之间，会导致拳有僵滞拙力、内劲变换不灵(图 34、35)。

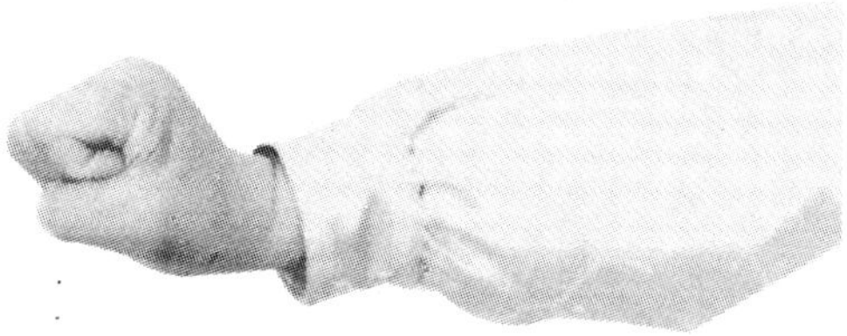

图 36　塌腕之弊

若握拳不正确，错误地追求塌腕、鼓腕之形，会导致腕部僵滞，内气不畅（图 36、37）。

凡拳架中出现的拳型，无论其正斜反侧，如何出入，都不可用做铿锵有力地直杵或横拨。凡出拳务求内气从中指根通出拳外，从而逐渐培养出体

图 37　错误鼓腕

现太极拳奥妙的"内劲"。

在由拳变掌或由掌变拳时，必须要经过半握拳的过程。由拳变掌时，通过半握拳将手心松握的小气球在变掌之际催出；而由掌变拳时，则用半握拳将通至手外的小气球拢回手中，而后在成拳之际松握。半握拳是

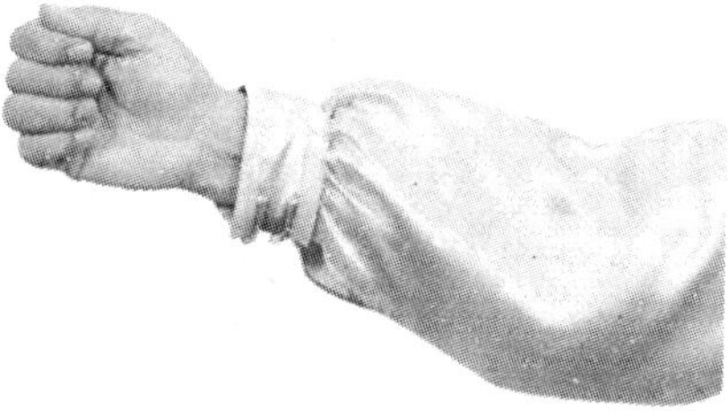

图 38　半握拳(正面)

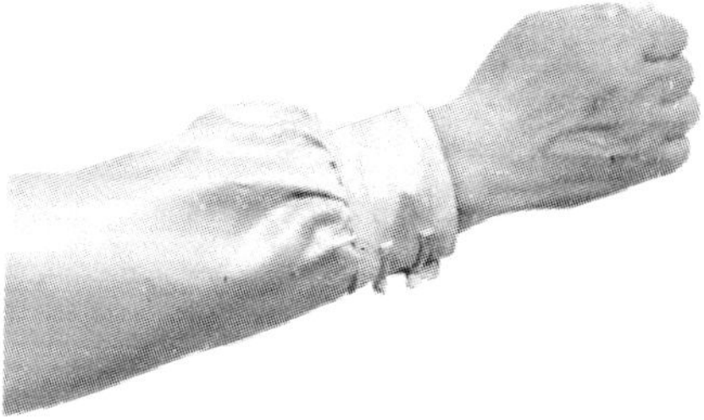

图 39　半握拳(背面)

拳掌变换的中枢，是内气在手上往复周流的通道，切不可忽略带过。

由拳变成半握拳时，蜷屈的四指略松展，拇指伸直压盖在拳眼上，仍成扁平方型拳，腕部要有微鼓之意，内气才能通至中指根(图 38、39)。

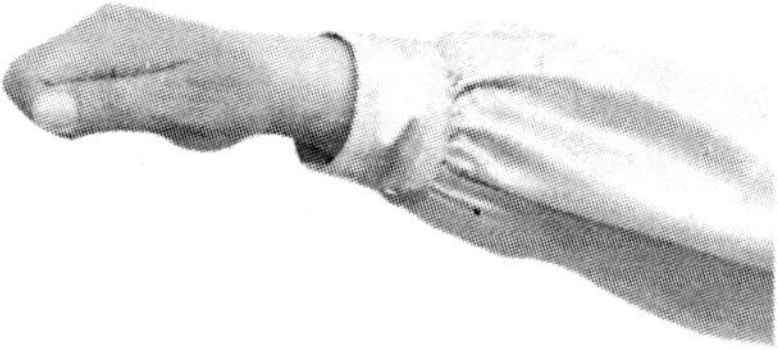

图 40　将小气球拢在手心

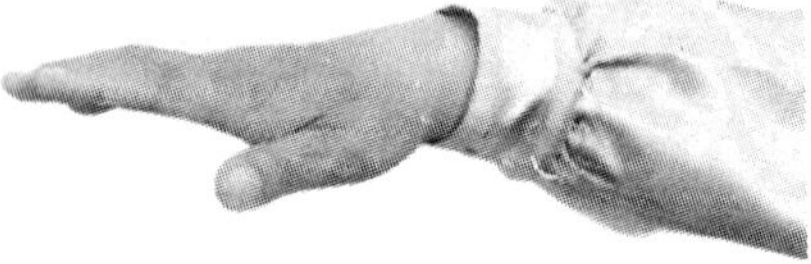

图 41　舒指催出小气球

由半握拳变掌时，用意将手心拢着的小气球缓缓松开，从中指根部向前催发小气球，屈曲的四指渐渐舒展变成掌（图 40、41）。

由掌变半握拳至握拳时，则依上述动作过程逆向运行。

掌：五指平展，不绷挺，不屈曲。

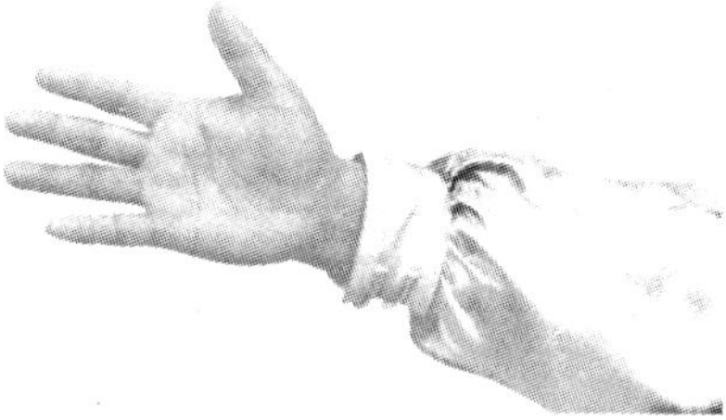

图 42　侧掌

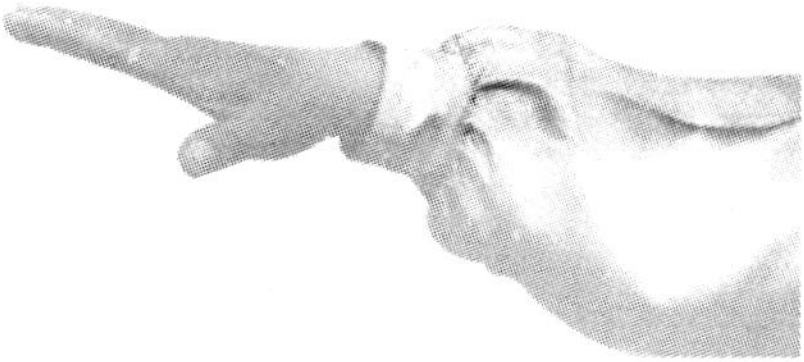

图 43　平掌

内气弥散于指掌间，掌心自然呈现凹进之意。腕部要松开并有微鼓之意，内气才能由腕通至中指根（图 42、43）。腕部能松开，手的旋转才能轻灵自如，动作没有滞碍牵绊。

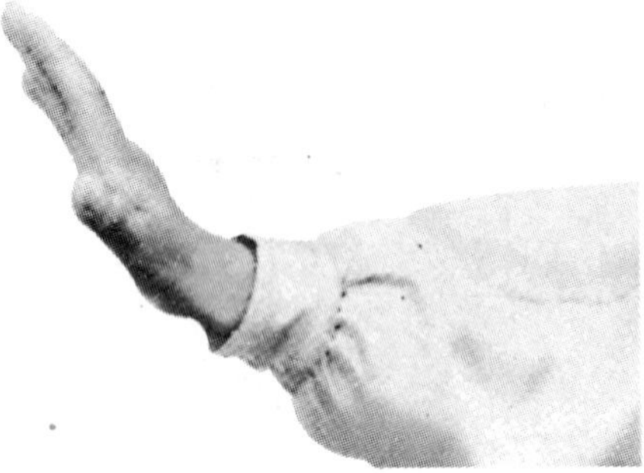

图 44　塌腕之弊

不能正确理解掌的含义，会形成塌腕和坐腕的错误。塌腕会使内气的运行在腕内侧受阻；坐腕则会使掌根僵硬，导致腕部动转不灵（图 44、45）。

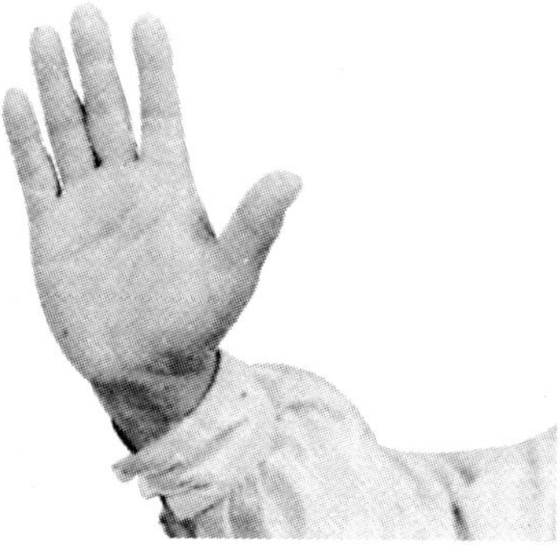

图 45　坐腕之弊

拳架中用掌之处甚多，若掌型不对，内气便松散不出，难以做到沾粘连随，也就无法进入身无形、手无相的境界。

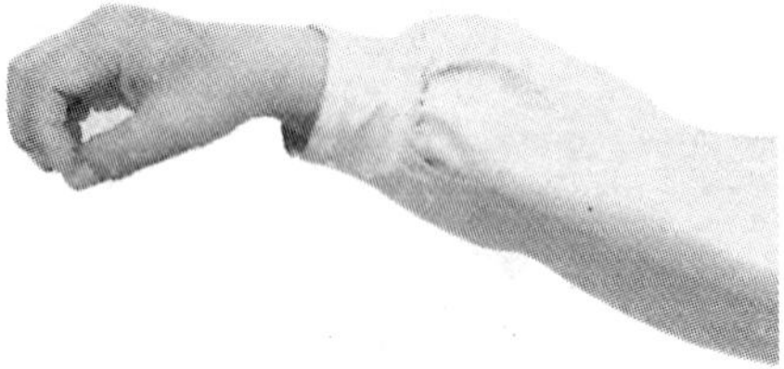

图 46　勾手

勾手仅存于“单鞭”一式中。勾手时要五指松垂聚拢，手中含着一个小气球，腕部有鼓起之意，内气才能畅通无阻（图 46）。

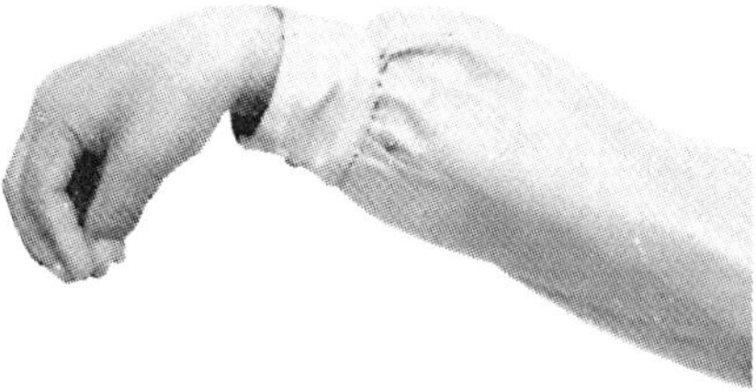

图 47　折腕之弊

易犯错误：将手指肚紧捏在一起，腕部屈曲而有拙力，勾尖僵硬而使内气不通（图 47）。

第二章　八种劲法与混合劲法之招中术

第一节　八种劲法之招中术

要理解和体现内劲的八种不同走向，先要明白内劲的蓄与发完全是以意领形、以内气催姿势完成的。先师曾明示，练得有了内劲固然好，但内劲必得经过招式通出才能发挥作用。形体的姿势做得再漂亮，没有内劲与之融会贯通也是空招。为避免只提姿势或单讲内劲的片面误导之嫌，故以下将招式与内劲的融合练法统称为“招中术”。

在招中术的运行过程中，招（姿势）的运行状态是可见的，而术（内气）的流动则不易被功力尚浅的人所觉察。然而长期练拳者进入中级阶段后，以内气催姿势完成的拳架确实给人以气势浑厚、运转自如的舒适之感。

一、掤式的招中术：人们常常误将手形的向前上掤捧的举动当做是掤式的全部，而忽略了掤内劲。

内劲的运行是心中一静，内气沿身中垂直线落到两脚之间的地面后自然向四面弥漫散开（不要留意内气入地向四外弥散的过程，否则会导致两腿的僵直与僵滞）。而后用意领内

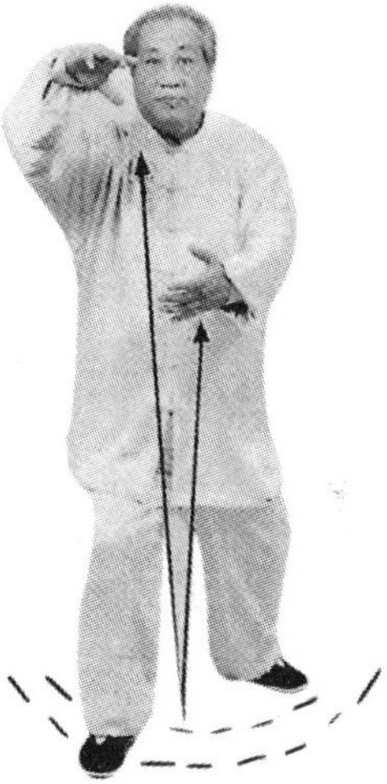

图 48　(正)

气在两腿前方如同气柱一般升腾而起，同时催促两手向上圆转运行。此为掤内劲催促两手完成掤的姿势（图 48 正、侧）。

图 48　（侧）

二、捋式的招中术：人们往往认为捋式是指以双手将物捋回的动作，其实，这只是单纯手形的走向。捋式是以捋的内劲催动身形、手势完成捋之姿势。捋有一捋、二捋、三捋的过程。将做捋式之际，先意想身前似有一把剑，剑尖朝向胸前十字中心，当一捋之时，意气托着剑拢向胸前。在这个过程中，内气的运行有两种变化，即在胸前由开转合又透达从背后向外散开。以内气的如此运行来促使身形与两手平行后偎；二捋之时，心中一静，意气托着剑继续后拢，使剑尖透至背后劲源。内气的运行依旧是由开转合，再从背后向外散开，促使身形与两手继续后偎；三捋之时，心中一静，意气托剑继续深入，剑身尽没入胸中，仅剩护手（剑格）于胸前。内气的运行依旧是由开转合，再从背后向外散开。如此使内气第三次促使身形与两手向后依偎。注意：在一捋、二捋、三捋之间，内气的运行必须要有短暂的一静，否则就会导致行拳的

图 49　（正）

“合中合”之忌。捋的身形、手势必须依靠捋的内劲促使完成，才能逐步求达阴阳各半（图 49 正、侧）。

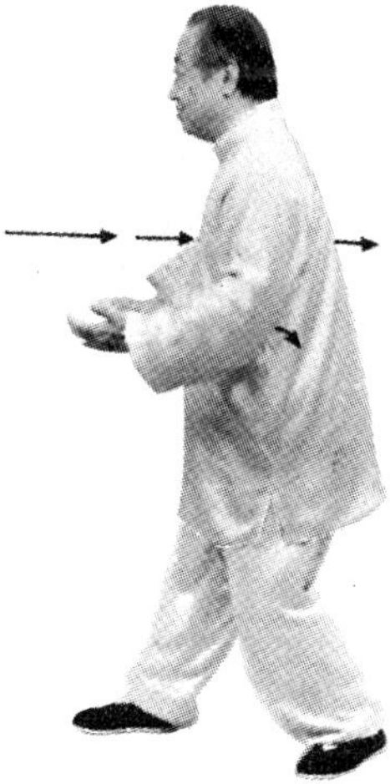

图 49 （侧）

三、挤式的招中术：做挤式时，右肘端要调向胸部中心前方，使前臂斜立于胸前，左手食指、中指、无名指的指肚扶贴在右腕内侧下方三寸处。意想周身的轮廓形成一个大立圈，内劲从劲源经两肘、两腕通至两手的中指根。

图 50　(正)

心中一静，内气沿身中垂直线落于贴近后脚的四点处，以身中垂直线催动大立圈，以大立圈催动肩、腰、胯三道平气圈向前平移，后脚之意从前脚脚底向前平催（非用后脚催攻前脚），同时以中指领内劲向前方集束，带动身形向前平移(图 50 正、侧)。

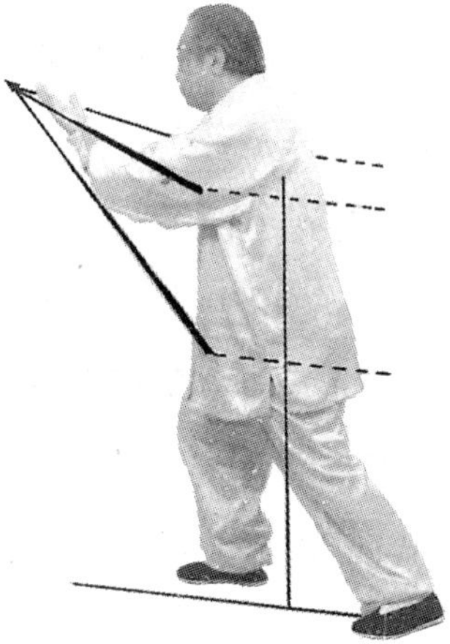

图 50 （侧）

挤式的招中术之要点在于内开外也开，大立圈的外缘与中心点齐动催向集束点，才会产生威力与效果。三道平气圈、大立圈和身中垂直线的趋向一致，不可突出其中任何一环，这是“平”的关键。

先师传授的行拳要领讲“平难找”，而催发挤内劲的关键就在于引导内劲的运行总是在“平中进”，此须悉心揣摩方能有所感悟。

四、按式的招中术：人们往往认为按是自上而下地将物体按下去，于是完全以身形手势的下沉来表示按的含义，从而导致拙力伴随着僵硬的身形同时出现。

按式的招中术是双手犹如扶在箱子盖上，按之意要作用在箱体后侧的合页上，并非以双手将箱子盖掀起。以箱喻人，按之内劲要透达前下方，同时将三关向上领起，其势有如将物粘起而产生上掀之意（图51正、侧）。

五、采式的招中术：采式并非以手向下拉拽而成，靠手拉拽的“采

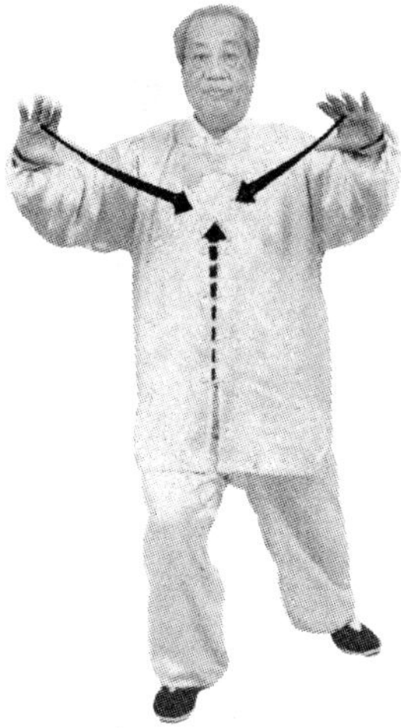

图 51 （正）

式”，无论怎样苦练也不会有采内劲与之相伴随。

图 51 （侧）

采内劲由劲源透达十字中心向前圆散而出，意想右手犹如扶在沙窝的边缘，随即心中一静，使圆散出的内劲向后下方旋转，促使右手沿顺时针方向微旋，以掌心由沙窝边缘旋采向沙窝之底。尤要注意采内劲的旋转幅度甚小，手上只可有沾粘之轻劲而

图 52

全无拉拽之形(图 52)。

六、捌式的招中术：捌式也并非由手形横拨而成，靠手横拨的捌式不会有捌内劲的蕴含和体现。

内劲由劲源透达十字中心向前圆散而出，意想右手犹如扶贴在沙窝底之右侧，心中一静，使圆散出的内

图 53

劲向右侧上方旋转，促使右手沿逆时针方向微旋，由沙窝底旋挒向沙窝边缘，应注意挒内劲的旋转幅度甚小，手上只有沾粘之轻劲而无横拨之形（图 53）。

图 54 （正）

肘式的招中术：走肘劲不是指用肘端做出的动作姿势。实际上，肘内劲是一种集中劲，是将背后圆散的内劲通过肘端集束之后发出。当肘内劲通出时，无需肘的形体动作配合，切不可用肘的动作替代肘内劲（图 54 正、侧）。

图 54 （侧）

图 55　（正）

八、靠式的招中术：走靠劲无需掺杂肩部的前俯和侧倾动作。实际上，靠是一种分散劲，由背后透达肩前向四外散发而出。切不可用肩部所演示之靠的动作来替代靠内劲（图 55 正、侧）。

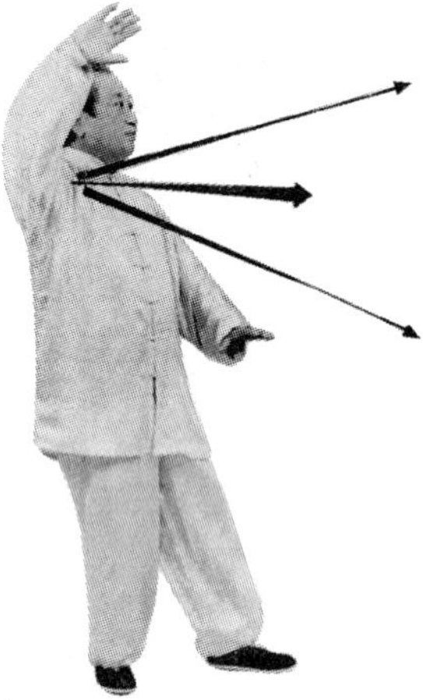

图 55 （侧）

第二节 混合劲法之招中术

以上介绍的是掤式含掤内劲、捋式含捋内劲等外形姿势与内劲相辅相成的八种劲法的走向，在这种一式含一劲的固定招术演练纯熟并能相互融通之后，才能进一步探求不同的外形姿势与内劲的相互混合与变化，演进为按式含掤内劲、捋式含采内劲等混合劲法的招中术。

从理论上讲，各种内劲都可以相互混合在任何一种姿势中发挥作用。在太极功夫进入化境后，便可“掤捋挤按皆非似”，内劲的运用随心所欲，无须刻意地安排和调动。

若按照练习步骤来进行学练时，则必须依八种劲法的大致走向进行划分，如掤、按、挤内劲虽有上中下之分，但它们总体的趋势都是向前流走的，所以将这三种内劲融为一体便会和顺而自然；采、挒、捋内劲都有向后的总趋势，只有后上、后下和平后方的区别，所以这三种内劲相互融合起来也会自然顺遂。而肘靠内劲的融合可以说是与生俱来的，发肘内劲若缺了靠内劲的参与或发靠内劲少了肘内劲的辅助,气势都难以圆融和浑厚。

一、按式含掤内劲的招中术：首先,不要误会此处是要将按式和掤式这两种姿势相混合,两种不同的形体动作从来都无法掺混在同一时刻做出来。而内劲的流动则不拘形式,亦不受任何外在因素的限制,可以通过各种方式来达到相互交流与混合的目的。

其次,按式是通过按内劲催发完成的。在熟练掌握了八种劲法的不同走法之后,所有的拳架姿势都融入了相应的内劲,再无一个空架子虚设在套路之中。以后所讲一式必含一劲,不再赘述。

最后，将掤内劲在按式中通出，达成按掤内劲的混合（按式参见图51 正、侧的动作姿势；掤内劲参见图

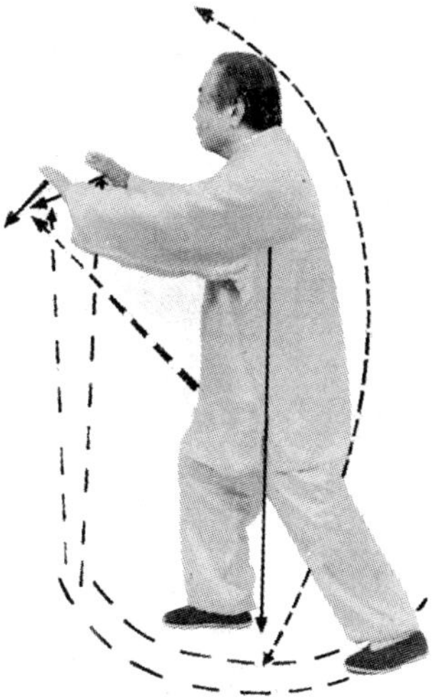

图 56

48 正、侧的内劲走向）。走按式含掤内劲时，内劲要由身后之劲源向身后上下圆散，下行的内劲由按转掤援助掤劲的升腾；上行的内劲由掤转按援助按劲的催发(图 56)。

二、捋式含采内劲的招中术：捋式参见图 49 正、侧的动作姿势，采内

图 57

劲参见图 52 的内劲走向。在做捋式的同时，意想腰圈如同一个大沙窝的边缘，双手沿腰圈前缘向后下采入大沙窝之底部，同时身形自然向后依偎(图 57)。

三、踏按混合内劲的招中术：内劲由劲源松沉到手上，手心朝下，手

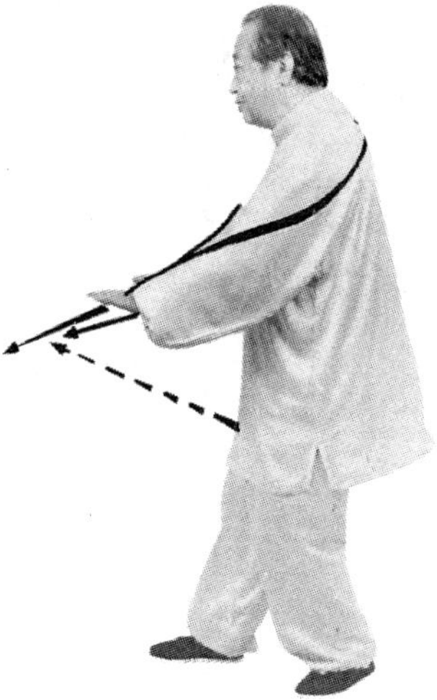

图 58

中如虚含着一个小气球，要使小气球像足之踏地一样沉稳、垂直地向下松落（图 58），同时伴随着按内劲（按内劲参见图 51 正、侧的内劲走向）一起发出。注意：发踏按内劲时要以一手为主，另一手为辅，否则会导致内劲的双重。

图 59

四、踏采混合内劲的招中术：内劲由劲源松沉到手上，手中如虚含着一个小气球，要使小气球像足之踏地一样沉稳、垂直地向下松落（图 59），同时伴随着采内劲（采内劲参见图 52 的内劲走向）一起发出。注意：发踏采内劲时也要以一手为主，另一手为

图 60

辅,以免导致内劲的双重。

五、肘靠混合内劲的招中术：肘内劲是集中劲，靠内劲是分散劲，将肘靠内劲混合起来，同时发向身前的两个隅角。以走右肩、右肘混合内劲为例（图 60），肘劲是向右前方集束，靠内劲则向左前下方散发。

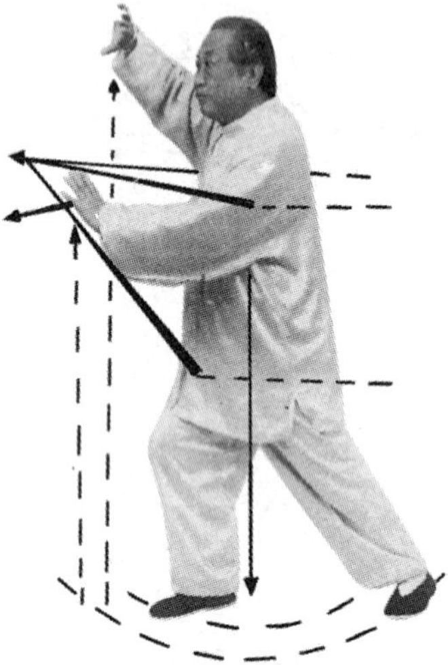

图 61

六、按挤混合内劲的招中术：内劲可以做到三至五种的混合。掤按内劲与挤内劲混合在一起向前发出时，要用挤劲督促着掤按内劲的前行。要使以上三种内劲在一瞬间圆融地混合在一起，不可有先后之分（图 61）。

第三章　六十四种内劲练法

一般学拳者通常掌握的是八种不同的运动姿势，如掤的手形、捋的手形、挤的手形等等，手的形体不可能同时做出两种姿势，如，表现掤的动作时不可能同时做出按的手势。所以，单一地以手势演练拳式不可能做到混合劲法。而内劲则不受手之形状所拘，故前人演练拳时，才会有八八六十四种内劲可以任意地混合演练之说。当盘练拳架进入较高层次时，就要学习用同一种身形手势来演示和运用各种不同的内劲。真正掌握了挪、捋、挤、按、采、挒、肘、靠八种内劲的理法后，就可以在盘练拳架时随意安排各种劲法的运用顺序。如可在练第一遍拳时由始至终用挪内劲演练（谓之用挪架子练），第二遍则用捋内劲演练（谓之用捋架子练）……以下可依八种劲法的顺序演练，也可穿插以各种内劲来盘拳架。如此长期换劲演练拳架就能逐渐掌握混合内劲，待内劲运用自如时，手上做出的每一种动作都可以伴之以各种内劲与之同出。这样，拳架的结构虽固定不变，但每做一式就有一种或两种以上的内劲同时通出，就能从中衍生出无穷变化，使拳势的运行丰富多彩。由此才能掌握太极拳较高层次的八八六十四手之奥秘。

以掤的内劲盘练拳架中的八种手势，称之为以掤架子盘拳；以捋的内劲盘练拳架中的八种手势，称之为以捋架子盘拳，以下列表具体说明：

掤内劲
- 与拳架中的掤内劲相伴随而演练掤式
- 与拳架中的捋内劲相伴随而演练捋式
- 与拳架中的挤内劲相伴随而演练挤式
- 与拳架中的按内劲相伴随而演练按式
- 与拳架中的采内劲相伴随而演练采式
- 与拳架中的挒内劲相伴随而演练挒式
- 与拳架中的肘内劲相伴随而演练肘式
- 与拳架中的靠内劲相伴随而演练靠式

捋内劲

- 与拳架中的掤内劲相伴随而演练掤式
- 与拳架中的捋内劲相伴随而演练捋式
- 与拳架中的挤内劲相伴随而演练挤式
- 与拳架中的按内劲相伴随而演练按式
- 与拳架中的采内劲相伴随而演练采式
- 与拳架中的挒内劲相伴随而演练挒式
- 与拳架中的肘内劲相伴随而演练肘式
- 与拳架中的靠内劲相伴随而演练靠式

挤内功

- 与拳架中的掤内劲相伴随而演练掤式
- 与拳架中的捋内劲相伴随而演练捋式
- 与拳架中的挤内劲相伴随而演练挤式
- 与拳架中的按内劲相伴随而演练按式
- 与拳架中的采内劲相伴随而演练采式
- 与拳架中的挒内劲相伴随而演练挒式
- 与拳架中的肘内劲相伴随而演练肘式
- 与拳架中的靠内劲相伴随而演练靠式

按内劲

- 与拳架中的掤内劲相伴随而演练掤式
- 与拳架中的捋内劲相伴随而演练捋式
- 与拳架中的挤内劲相伴随而演练挤式
- 与拳架中的按内劲相伴随而演练按式
- 与拳架中的采内劲相伴随而演练采式
- 与拳架中的挒内劲相伴随而演练挒式
- 与拳架中的肘内劲相伴随而演练肘式
- 与拳架中的靠内劲相伴随而演练靠式

采内劲

- 与拳架中的掤内劲相伴随而演练掤式
- 与拳架中的捋内劲相伴随而演练捋式
- 与拳架中的挤内劲相伴随而演练挤式
- 与拳架中的按内劲相伴随而演练按式
- 与拳架中的采内劲相伴随而演练采式
- 与拳架中的挒内劲相伴随而演练挒式
- 与拳架中的肘内劲相伴随而演练肘式
- 与拳架中的靠内劲相伴随而演练靠式

挒内劲

- 与拳架中的掤内劲相伴随而演练掤式
- 与拳架中的捋内劲相伴随而演练捋式
- 与拳架中的挤内劲相伴随而演练挤式
- 与拳架中的按内劲相伴随而演练按式
- 与拳架中的采内劲相伴随而演练采式
- 与拳架中的挒内劲相伴随而演练挒式
- 与拳架中的肘内劲相伴随而演练肘式
- 与拳架中的靠内劲相伴随而演练靠式

肘内劲

- 与拳架中的掤内劲相伴随而演练掤式
- 与拳架中的捋内劲相伴随而演练捋式
- 与拳架中的挤内劲相伴随而演练挤式
- 与拳架中的按内劲相伴随而演练按式
- 与拳架中的采内劲相伴随而演练采式
- 与拳架中的挒内劲相伴随而演练挒式
- 与拳架中的肘内劲相伴随而演练肘式
- 与拳架中的靠内劲相伴随而演练靠式

靠内劲
- 与拳架中的掤内劲相伴随而演练掤式
- 与拳架中的捋内劲相伴随而演练捋式
- 与拳架中的挤内劲相伴随而演练挤式
- 与拳架中的按内劲相伴随而演练按式
- 与拳架中的采内劲相伴随而演练采式
- 与拳架中的挒内劲相伴随而演练挒式
- 与拳架中的肘内劲相伴随而演练肘式
- 与拳架中的靠内劲相伴随而演练靠式

第四章　松散通空释义

很多习拳者虽深知盘拳须周身放松，无一处用力、无一处僵滞的要求，却因不得要领而很难真正做到。人们往往只知道要放松肢体去练拳，这样从形体动作上看起来好像很柔和、很优美，但周身或多或少总有一部分并没有放松。尤其是由于内心总在害怕动作做得不够放松、不够柔和，一颗心老悬着放不下来，周身也就始终处在局促紧张的状态中。前辈称此种练法为“揪着心练拳”“姿势不圆”“没有腰腿”。

学练者往往将“没有腰腿”误解为腰腿的柔韧性差，于是下功夫抻腰拉腿和苦练桩功，练得上身松软、下肢僵硬，因而导致大半截拳的形成，上下气息不能融会贯通，松腰松腿便无法实现。其实，实现松的障碍就是行拳者自身急切求松的意图。人们往往是这样，越是急切地想放松，心情反而就越紧张。刻意追求和意念过重的结果恰恰导致了与真松境界的背道而驰。所以心静、无为才是实现松的前提和保证。

练拳首要心静。心静非指强令内心镇静，而是要使急切求松的心情趋于缓和、坦然和宽松，继而才能进入无欲无求之境界。

单一地求松并不能做到真松，意气在纵向松落的同时伴随着横向开展的散是实现松的关键。松与散是统一体，不能松就不能散，没有散也就不能做到松。明白了它们之间这一相辅相成的关系才能进而感知其中的奥妙。

第一步要知道往何处松散。不要认为肩松是要向下松到腰胯，腰胯松是要松到腿足，这样腿足松就再也无处可松下去，只好承受负荷，从而导致腿足僵滞不灵。此皆为有松无散之弊，不能做到周身上下同时放松。

打个比方，人身好比各楼层都堆满了东西的一座楼。松散通空的目的是要将充塞于楼内的物品全部腾空，

松散图示

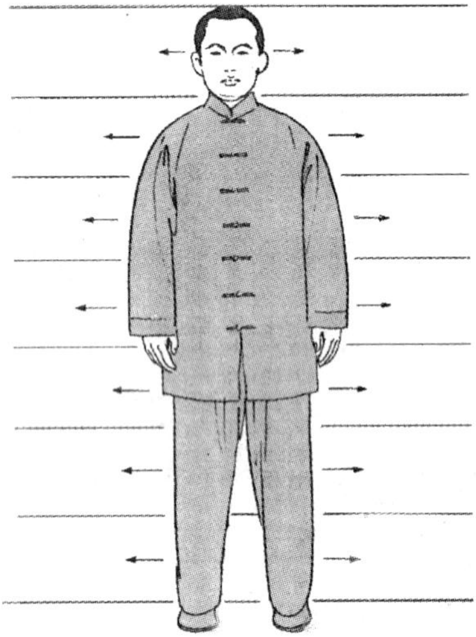

图 63

而并非将某一楼层的物品上移或下挪到其他楼层。负荷的转移只能加重另一层段的载重量，并不能真正做到松散。松散的意境是将羁困全身的意气逐层段地松开并平行散出身外，这样才能达到一身舒适、同时放松。这

松散之顶视图

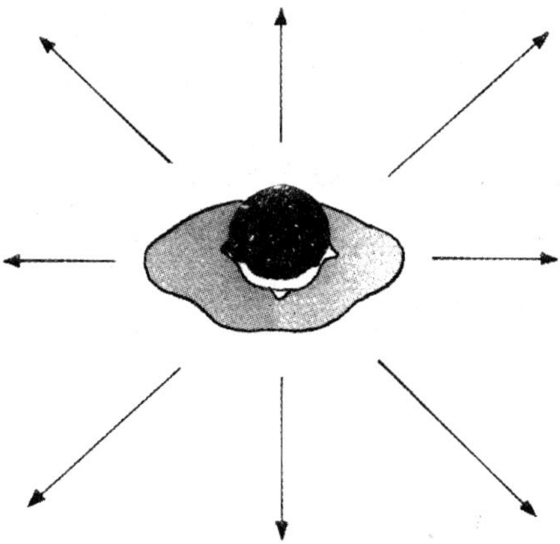

图 64

便是纵松、横散之意的走向（图 63、64）。

如果说“松散”是第一步，即求达全体透空的前提，那么第二步“通空”才是目的。将意气平行散出身外这一过程即与通出相关，通是散的延伸和发展，不能通出也就不能很好地做到散，散与通也是相互依赖、不能分割的。能够通出，身体才能逐渐变得空灵。最后，全身犹如空楼一座，筋骨皮肉仿佛都已荡然无存，这时便手不知其所舞之，足不知其所蹈之，悠然进入无我无为、全身透空的境界。

图书在版编目(CIP)数据

太极拳内功理法 / 魏树人著，王洁助编. –北京：人民体育出版社，2000（2018.11.重印）
(杨式太极拳术述真：1)
ISBN 978-7-5009-1968-1

Ⅰ.太… Ⅱ.①魏… ②王… Ⅲ.太极拳，杨式
Ⅳ.G852.11

中国版本图书馆 CIP 数据核字(2000)第 19539 号

*

人民体育出版社出版发行
三河兴达印务有限公司印刷
新 华 书 店 经 销

*

720×880 异 32 开本 3.75 印张 26.5 千字
2001 年 2 月第 1 版 2018 年 11 月第 13 次印刷
印数：53,241—56,240 册

*

ISBN 978-7-5009-1968-1
定价：17.00 元

社址：北京市东城区体育馆路 8 号（天坛公园东门）
电话：67151482（发行部） 邮编：100061
传真：67151483 邮购：67118491
网址：www.sportspublish.cn
(购买本社图书，如遇有缺损页可与邮购部联系)